ADELPHI

DELLO STESSO AUTORE:

Come cambiare la tua mente
Cotto
Il dilemma dell'onnivoro
In difesa del cibo
Piante che cambiano la mente
Una seconda natura

Michael Pollan

Manuale dell'onnivoro

ILLUSTRAZIONI DI MAIRA KALMAN

TRADUZIONE DI LIVIA SIGNORINI

ADELPHI EDIZIONI

TITOLO ORIGINALE:
Food Rules
An Eater's Manual

WWW.ADELPHI.IT

ISBN 978-88-459-3939-6

Anno				Edizione						
2027	2026	2025	2024	1	2	3	4	5	6	7

Indice

MANUALE DELL'ONNIVORO

Per mia madre, che ha sempre saputo che
il burro è più sano della margarina
M. P.

Introduzione alla prima edizione

DI MICHAEL POLLAN

Oggi mangiare è diventato difficile, e forse anche inutilmente. Arrivo tra breve all'« inutilmente », ma consideriamo innanzitutto la complessità che ormai circonda la più elementare attività umana. Molti si affidano a esperti d'ogni genere per farsi dire come mangiare – medici e libri su diete, resoconti dei media sulle ultime scoperte in fatto di scienza della nutrizione, suggerimenti istituzionali e piramidi alimentari, gli incalzanti strilli salutisti sulle confezioni dei cibi.

Anche se non seguiamo alla lettera i consigli degli esperti, le loro voci ci ronzano in testa ogni volta che ordiniamo da un menù o che spingiamo il carrello in un supermercato. E abbiamo in mente anche un'incredibile quantità di nozioni di biochimica. Non è strano che oggi tutti abbiano una pur minima cognizione di parole come «antiossidante», «grassi saturi», «acidi grassi omega-3», «carboidrati», «acido folico», «glutine» e «probiotici»? Siamo arrivati al punto che non vediamo più il cibo in sé, ma guardiamo le sostanze nutritive (buone o cattive) che contiene, e naturalmente le sue calorie – tutte caratteristiche invisibili le quali, ben comprese, dovrebbero racchiudere il segreto di una corretta alimentazione.

Eppure, nonostante tutto il bagaglio scientifico o pseudoscientifico accumulato in anni recenti, ancora non sappiamo che cosa mangiare. Dovremmo preoccuparci più dei grassi o dei carboidrati? E che dire dei grassi «buoni»? O dei carboidrati «cattivi», come lo sciroppo di mais ad alto contenuto di fruttosio? Il glutine dovrebbe intimorirci? Come regolarsi con i dolcificanti? Sarà vero che quei cereali per la prima colazione possono migliorare la concentrazione scolastica di mio figlio o questi altri preservarmi da un attacco di cuore? E com'è che una scodella di cereali è diventata una pratica terapeutica?

Qualche anno fa, sentendomi confuso come chiunque altro, ho cercato di risolvere una questione molto semplice: che cosa mangiare? Cosa sappiamo davvero sulla relazione tra dieta e salute? Non sono un esperto nutrizionista né uno scienziato, solo un giornalista curioso che desidera rispondere a una domanda molto schietta per sé e la propria famiglia.

Il più delle volte, quando mi lancio in inchieste del genere, mi accorgo presto che gli argomenti in gioco sono molto più complessi e ambigui – più ricchi di sfumature – di quanto credessi. Questa volta no. Più mi sono immerso nel confuso e intricato ginepraio della scienza della nutrizione, vagliando le eterne dispute tra carboidrati e grassi, le schermaglie relative alle fibre e gli accesi dibattiti sugli integratori, più il quadro si è semplificato. Ho imparato che in fatto di nutrizione la scienza sa molto meno di quanto si creda. La scienza della nutrizione infatti è, a essere generosi, una scienza molto giovane, che sta ancora cercando di capire cosa succeda di preciso al corpo umano quando sorseggia una bibita gassata, o quale segreto renda una carota così appetibile, o perché mai abbiamo così tanti neuroni – le cellule del cervello! – proprio nello stomaco. È un tema affascinante, e un bel giorno avremo risposte esaurienti alle domande che ci poniamo, ma per ora – come i nutrizionisti stessi sono pronti ad ammettere – non ci sono. Proprio per niente. La scienza della nutrizione, che dopotutto esiste da circa duecento anni, è oggi un po' come la chirurgia nel 1650: molto promettente, e interessantissima da osservare, ma... qualcuno ha voglia di farsi operare? Io aspetterei ancora un pochino.

Se ho imparato parecchio su quello che non sappiamo in fatto di nutrizione, ho però appreso un piccolo numero di cose mol-

Quale segreto rende
una CAROTA così appetibile?

to importanti da sapere su cibo e salute. È proprio questo il quadro che è emerso indagando a fondo.

Ci sono due fatti basilari da conoscere riguardo ai legami tra dieta e salute, due fatti indiscutibili. Fatti sui quali concordano tutti i contendenti nelle guerre nutrizionali. E, cosa più importante ai nostri fini, sono talmente solidi da poterci costruire sopra una dieta sensata. Eccoli.

Fatto 1

Le persone che seguono la cosiddetta dieta occidentale – che consiste in molti cibi lavorati e carne, molti grassi e zuccheri aggiunti, molti cereali raffinati, molto di tutto tranne frutta, verdura e cereali integrali – invariabilmente soffrono di un alto tasso delle cosiddette malattie occidentali: obesità, diabete di tipo 2, disturbi cardiovascolari, cancro. Tutti i casi di obesità e diabete di ti-

po 2, l'ottanta per cento dei disturbi cardiovascolari, e più di un terzo dei casi di cancro possono in teoria essere ricondotti a questo genere di dieta. Negli Stati Uniti quattro dei primi dieci fattori killer sono rappresentati da malattie croniche legate alla dieta occidentale. La scienza della nutrizione invece di dare per assodato questo legame, cerca di scoprire a quale elemento della dieta occidentale vada attribuita la responsabilità delle malattie croniche. I grassi saturi o i carboidrati raffinati? La carenza di fibre o i grassi trans, o ancora gli acidi grassi omega-6? Oppure cosa? Il punto è che come mangiatori (se non come scienziati) sappiamo già tutto quello che c'è da sapere per agire: per qualche ragione è proprio la dieta in sé il problema.

Fatto 2

Le persone che seguono una delle varie diete tradizionali in genere non soffrono di queste malattie croniche. Lo spettro di tali diete va da quelle ricche di grassi (gli inuit della Groenlandia si nutrono principalmente di grasso di foca), a quelle con molti carboidrati (gli indiani dell'America Centrale si nutrono soprattutto di mais e fagioli), a quelle ricche di proteine (i masai africani si nutrono di sangue, carne e latte del loro bestiame), per fare tre esempi eclatanti. Ma lo stesso si può dire per altre diete tradizionali più varie. Questo ci induce a pensare che non esista una dieta ideale per l'uomo e che l'onnivoro umano si possa adattare a una vasta gamma di cibi e diete. Tranne una: la relativamente nuova dieta occidentale adottata dalla maggioranza di noi. Che risultato straordinario per una civiltà: aver sviluppato una dieta che quasi di sicuro ti farà ammalare! (Se è vero che godiamo di una speranza di vita maggiore dei nostri antenati, o di altre culture tradizionali, ciò si deve alla riduzione della mortalità infantile e alla maggiore salute dei bambini, non alla dieta).

LOT-A-

BURGER
Today Only
Burger and Soda
2.99

C'è in realtà un terzo fatto confortante, corollario dei primi due: chi abbandona la dieta occidentale constata enormi miglioramenti nella propria salute. Ricerche affidabili dimostrano che gli effetti della dieta occidentale possono essere annullati, e anche piuttosto in fretta.[1] In ultima analisi, un americano tipo che si allontani, anche di poco, dalla dieta (e dallo stile di vita) occidentale può ridurre dell'ottanta per cento il rischio di incorrere in disturbi cardiaci, del novanta per cento quello di contrarre il diabete di tipo 2 e del settanta per cento quello di sviluppare il cancro al colon.[2]

1. Per un'analisi degli studi relativi alla dieta occidentale e alle sue alternative si veda il mio libro *In difesa del cibo* (Adelphi, Milano, 2009), dove si possono trovare molte argomentazioni scientifiche alla base delle regole qui elencate.

2. La dieta specificata in questo studio si caratterizza per una ridotta assunzione di grassi trans; un elevato rapporto a favore dei grassi polinsaturi rispetto a quelli saturi; un'elevata assunzione di cereali inte-

Stranamente, però, questi due (o tre) fatti basilari non sono al centro di nessuna ricerca nutrizionale o delle campagne per la salute pubblica. Si insiste invece nell'individuare la singola sostanza nutritiva dannosa nella dieta occidentale, in modo che le industrie alimentari possano apportare solo lievi modifiche ai loro prodotti, lasciando inalterata la dieta nel suo complesso, o in modo che le industrie farmaceutiche possa-

grali; pesce almeno due volte la settimana; la raccomandata dose di acido folico; e almeno cinque grammi di alcol al giorno. Il cambio di stile di vita include non fumare, mantenere un indice di massa corporea (IMC) inferiore a 25 e trenta minuti di esercizio fisico al giorno. Come scrive Walter Willett: « Il potenziale di prevenzione delle malattie ottenibile attraverso una dieta equilibrata e un cambio di stile di vita compatibile con l'esistenza nel ventunesimo secolo è enorme »: *The Pursuit of Optimal Diets: A Progress Report*, in *Nutritional Genomics: Discovering the Path to Personalized Nutrition*, a cura di Jim Kaput e Raymond L. Rodriguez, John Wiley & Sons, New York, 2006.

SNACKS
HOT DOG
PIZZA
SOD
HOT DOG
Pinkies
POP SHOP
ICE CREAM
goodies
HOT DOG
SOD

Chi ABBANDONA la DIETA Occidentale constata enormi miglioramenti nella propria SALUTE

no ideare e smerciare antidoti risolutori. Perché? Be', perché la dieta occidentale è un affare. Più il cibo è lavorato, più diventa lucroso. L'industria farmaceutica guadagna più nel curare le malattie croniche (che assorbono tre quarti dei circa due bilioni di dollari spesi annualmente negli Stati Uniti per le cure sanitarie) che nel prevenirle. Mentre il problema macroscopico viene ignorato, ci si sofferma sulle sostanze nutritive buone o dannose, che sembrano cambiare a ogni nuovo studio. Quello che chiamo Polo dell'Industria alimentare se ne infischia però di questa incertezza, perché la confusione genera profitto: gli esperti nutrizionisti diventano indispensabili; le industrie alimentari possono modificare i loro prodotti (e le relative indicazioni salutiste) in risposta alle ultime scoperte; e chi lavora nei media e segue questi dibattiti ha sempre nuove storie di cibo e salute da raccontare. Tutti ne ricavano qualcosa. Eccetto chi deve mangiare.

Come giornalista capisco bene il valore

della confusione generalizzata: appartengo al business del chiarimento, e se le risposte alle domande in circolazione diventano troppo semplici sono a spasso. Ho però avuto un momento di estremo disagio quando, dopo aver passato un paio di anni a fare ricerche sull'alimentazione per il mio libro *In difesa del cibo*, mi sono reso conto che la risposta alla supposta complicatissima domanda su cosa dovremmo mangiare non era per nulla complicata. Di fatto si poteva riassumere in sei parole:

Mangiate del cibo. Non troppo. Soprattutto verdure.

Questo era il succo, e che soddisfazione aver trovato un appiglio solido nella palude della scienza della nutrizione: sei parole semplici, nessun bisogno di una laurea in biochimica. Ero però preoccupato del mio editore, che si aspettava migliaia di parole in più. Fortunatamente per entrambi, mi sono accorto che valeva la pena di raccontare la storia del perché una domanda così semplice come cosa mangiare fosse diventata tanto complessa. E ciò divenne il fulcro di quel libro.

Il fulcro di questo è molto diverso. Mi soffermerò molto meno su teoria, storia e scienza e molto di più sulla nostra vita quotidiana. In questo libriccino breve e conciso scompongo le sei parole ammonitrici in una serie di regole comprensibili e di stratagemmi personali, che aiutino a mangiare cibo autentico con moderazione e, così facendo, ad abbandonare la dieta occidentale. Le regole sono espresse con parole semplici: evito accuratamente il vocabolario nutrizionista o della biochimica, anche se in genere ha il supporto della ricerca scientifica.

Questo libro non è però antiscientifico. Al contrario, nell'ideare e vagliare le regole ho largamente attinto a scienza e scienziati. Provo tuttavia un grande scetticismo verso quanto viene spacciato per scienza della nutrizione, e credo che, nel mondo, ci siano al-

Ci siamo affidati a Madri
e Nonne
e ai più
lontani
antenati

tre fonti di saggezza e altri linguaggi per parlare con intelligenza di cibo. Gli esseri umani si sono nutriti bene e si sono tenuti in forma per millenni prima che arrivasse la scienza della nutrizione a dirgli come mangiare; si può benissimo mangiare sano anche senza sapere cos'è un antiossidante.

Su chi ci siamo affidati prima che gli scienziati (e a ruota governi, organizzazioni per la sanità pubblica, industrie alimentari) cominciassero a darci disposizioni su cosa mangiare? Ci siamo affidati com'è ovvio a madri e nonne e ai più lontani antenati; in altre parole, alla cultura e alla tradizione. Sappiamo che qui c'è una miniera di sapere alimentare, altrimenti l'umanità non avrebbe prosperato come ha fatto. Questa saggezza alimentare deriva da un lungo processo evolutivo in cui molti popoli di luoghi diversi hanno ricercato ciò che fa star bene (e cosa no), e tramandato il proprio sapere in forma di abitudini alimentari, accostamenti, modalità, regole e tabù, pratiche quotidiane e stagionali, motti e adagi memorabili. Si tratta di tradizioni infallibili? No. Abbondano le credenze sul cibo di vecchie comari che alla lunga si sono rivelate poco più che superstizioni. Molta di questa saggezza popolare è però da preservare, da tenere in vita e in considerazione. Ed è proprio quello che si propone di fare questo *Manuale dell'onnivoro.*

Il libro presenta un distillato di questa saggezza in ottantatré regole che mostrano come mangiare in maniera sana e soddisfacente. Regole formulate sulla base di un contesto culturale più che scientifico, anche se spesso la scienza ha confermato quanto la cultura già sapeva da un pezzo: non sorprende che due linguaggi o strumenti di conoscenza tanto diversi arrivino a conclusioni tanto simili (come quando gli scienziati hanno proclamato che la tradizionale pratica di mangiare pomodori conditi con olio di oliva è salutare perché il licopene contenuto nei pomodori è solubile nell'olio di oliva, e così il

corpo lo assorbe più facilmente). Ho anche tentato di parlare poco di sostanze nutritive, non perché non siano importanti, ma perché concentrarsi su di esse oscura altre più importanti verità sul cibo. Gli alimenti sono più della somma delle loro sostanze nutritive, che si combinano in modi ancora poco chiari. Il grado di lavorazione di un cibo può essere indice del suo livello di salubrità: la lavorazione non solo elimina i nutrienti e aggiunge elementi chimici tossici, ma rende il cibo più facile da assorbire, con conseguenze negative sul livello di insulina e sul metabolismo corporeo. Inoltre le materie plastiche in cui spesso questo genere di cibo è confezionato presentano un rischio ulteriore per la salute. Ecco perché molte regole di questo libro sono state studiate per aiutarvi a evitare cibi ultralavorati – che preferisco chiamare « sostanze commestibili in forma di cibo ».

Molte delle regole sono state scritte da me, ma altre non hanno un autore particolare. Sono stralci di cultura alimentare, alcuni dei quali antichi e meritevoli di attenzione perché utili. Ho raccolto adagi sul cibo da una vasta gamma di fonti. (I più antichi sono tra virgolette). Ho consultato esperti di folklore e antropologi, dottori, infermieri, nutrizionisti e dietologi, come molte madri, nonne e bisnonne. Mi sono informato dai miei lettori e dai partecipanti alle mie conferenze in tre continenti diversi; ho lanciato un indirizzo web al quale inviare per mail regole utili apprese da parenti o altre persone. Una singola richiesta di regole che ho postato sul blog «Well» del «New York Times» ha ricevuto duemilacinquecento risposte. Non tutte erano attendibili («Un solo tipo di carne sulla pizza» non mi pare la garanzia per una salute di ferro), ma altre sì, e molte le ho incluse qui. Ringrazio tutti coloro che hanno contribuito al progetto. Nell'insieme, queste regole compongono una voce condivisa sulla saggezza alimentare. Il mio compito non è stato plasmare tale saggezza quanto vagliarla con cura. La scommessa è che tale voce possa insegnare e aiutare a comprendere il giusto rapporto con il cibo altrettanto, se non di più, di quelle provenienti da scienza, istituzioni o industria.

Ognuna delle ottantatré regole è accompagnata da uno o due paragrafi esplicativi, a parte alcune in sé evidenti. Non c'è bisogno di impararle o memorizzarle tutte, perché molte arrivano alla medesima conclusione. Per esempio la regola numero 11 («Evitate i cibi pubblicizzati in televisione») e la numero 7 («Evitate i prodotti con ingredienti che un alunno delle elementari non saprebbe pronunciare») sono entrambe studiate per stare alla larga da un certo tipo di alimenti troppo lavorati. Spero che alcune di queste regole siano abbastanza icastiche da imprimersi nella memoria e diventare una seconda natura: una cosa che si fa senza pensarci su troppo.

Anche se le chiamo regole, le concepisco più come abitudini personali che come norme ferree. Le abitudini possono diventare utili strumenti. Più che prescrivere comportamenti troppo specifici, forniscono ampie linee guida per agevolare la vita quotidiana. Armati di un'abitudine generale come la regola numero 39 (« A colazione, non mangiate cereali che cambiano il colore del latte »), si evita di perdere tempo leggendo le tabelle degli ingredienti o esitando nel reparto cereali. Pensate a queste abitudini alimentari come a degli algoritmi studiati per semplificarvi la vita. Adottate quelle che più vi si confanno.

Soprattutto, cercate di tenerne in considerazione almeno una per sezione, perché le sezioni fanno riferimento a una diversa sfera della vita alimentare. La prima, « Mangiate del cibo », è pensata per aiutarvi a fare una cosa che frequentando i moderni supermercati può rivelarsi più difficile del previsto. Le regole offrono schermi e filtri che aiutano a distinguere il cibo vero dalle sostanze commestibili nocive. La seconda, sottotitolata « Soprattutto verdure », offre regole che aiutano a scegliere tra i veri cibi. E la terza, sottotitolata « Non troppo », si occupa del *come* più che del *cosa* mangiare, e offre una serie di stratagemmi studiati per promuovere delle abitudini quotidiane utili a moderarsi nell'assunzione del cibo e a goderselo meglio. Se questi due obiettivi vi paiono contraddittori, be', vuol dire che ancora non vi siete calati nel libro.

Introduzione all'edizione illustrata

DI MICHAEL POLLAN

Pensavo di aver chiuso con questo libro quando l'ho consegnato, o se non altro dopo che è stato pubblicato, ma mi sbagliavo. La sua vicenda si è rivelata un po' diversa, meno definita rispetto agli altri miei libri. Dopo l'uscita nel gennaio 2009 ha continuato a evolversi in modi imprevedibili. I lettori hanno cominciato a inviarmi altre regole che mi sarebbe piaciuto aver incluso. Regole estrapolate dal libro sono state impresse su magliette, borse per la spesa e distintivi. Mi è stato chiesto il permesso per stampare le regole preferite su poster, per indire dei concorsi su nuove regole, e persino per inserirle nei biscotti della fortuna. Non mi sono mai considerato il proprietario delle regole, avendone raccolte molte per caso, e sono stato ben lieto di vederle evadere dai confini del libro per raggiungere la gente lungo i percorsi più disparati. Vivevano di vita propria, ed era giusto così.

Il presupposto del libro, tutto sommato, era che un discorso di tipo culturale riguardo a come mangiar bene fosse più utile e interessante di mille raccomandazioni suggerite da scienza, governo o industria. Se il modo di nutrirsi è diventato disfunzionale, persiste una fonte di saggezza tradizionale non ancora prosciugata, da sfruttare con profitto per orientarsi. Aveva dunque senso che il discorso proseguisse, e che la gente vi prendesse parte raccontando le proprie strategie al supermercato o ricordando i consigli di madri e nonne.

Proprio quando cominciavo a rendermi conto che la sua storia non era del tutto finita, sono andato con la mia famiglia a vedere una mostra di Maira Kalman – dipinti, disegni, oggetti vari – al Jewish Museum di San Francisco. Era il tipo di mostra dalla quale si esce sentendosi inspiegabilmente felici, e sollevati. Le opere erano pervase da una certa angoscia esistenziale, è vero, ma c'era anche il disegno di una barretta di cioccolato Snickers su sfondo rosa molto toccante, così come una serie di anelli di cipolla incorniciati – non dipinti – buffa e triste al contempo. In fondo che c'è di così effimero nella sua squisitezza, di più caduco, di un anello di cipolla fritto?

Le sovrapposizioni di quotidiano ed esistenziale operate da Maira, molte delle quali mozzafiato, mi ricordarono il nostro primo incontro, qualche anno prima. Avevo avuto il poco invidiabile incarico di parlare dopo di lei a una conferenza TED - Technology Entertainment Design, dove aveva stregato il pubblico. Ricordo ancora l'inizio del suo discorso, perché mai nella vita avevo sentito due frasi così emotivamente distanti tra loro, specie tenendo conto del genere di pubblico – una folla di ricchi californiani persuasi che qualsiasi problema sia risolvibile con un software intelligente e un capitale illuminato.

«Sto cercando di capire due cose molto semplici» aveva esordito. «Come si nasce e come si muore. Sto anche cercando di fare dei pasti, delle merende, di sgridare i miei figli e di fare cose normali». Maira sa fare poesia delle cose normali: vita, morte, merende appetitose.

Fu mia moglie Judith, anche lei pittrice, a lanciare all'uscita dalla mostra l'idea di chiedere a Maira di collaborare alla nuova edizione di *Manuale dell'onnivoro.* Avevo pensato di illustrare in qualche modo le regole, magari facendone dei poster, per catturare l'attenzione del maggior numero possibile di persone. Ma quest'idea era migliore.

Si capisce dalla sua opera che il mangiare è importante per Maira, perché mostra di cogliere il significato complesso del cibo e anche di apprezzarlo in prima persona. Il cibo fa ovunque capolino nei suoi dipinti: come frammento di cultura pop (la barretta Snickers), come dolce consolazione della vita quotidiana, come prezioso collante della vita sociale. La tavola squisitamente imbandita, per una celebrazione a base di champagne o per un incontro del «club filosofico dell'aringa», è un'immagine ricorrente nel suo lavoro – le sue tavole apparecchiate mi fanno pensare a un Matisse con più umorismo e appetito. Maira non prende il cibo troppo seriamente, e non è affatto bacchettona a riguardo, ma allo stesso tempo capisce quanto sia importante nella nostra vita.

Decisi che lavorare con lei sarebbe stato perfetto, e forse anche divertente.

Maira pensò probabilmente la stessa cosa, perché accettò la proposta senza esitare un istante.

Io cominciai a raccogliere nuove regole e Maira a fare i suoi schizzi, e ci scambiavamo il materiale via posta e e-mail. Avevo una quantità di nuove possibili regole da setacciare, e ogni tanto le inviavo quelle che mi parevano più interessanti o buffe. Maira riteneva che non potesse mancare una regola sul caffè, e mi sembrò una buona idea, perciò iniziai a fare ricerche sull'argomento per crearne una (vedi la numero 51). Chiesi a Slow Food USA di mettere un annuncio online per i propri membri: in pochi giorni arrivarono 4230 regole. La maggior parte era sorprendentemente familiare: molti non sembrano avere la minima idea di dove abbiano sentito per la prima volta: « Non mangiate nulla che la vostra bisnonna non riconoscerebbe come cibo » (numero 2), e così la proponevano, come molte altre regole già presenti nella prima edizione. Interpretavo questo fatto come un segno di raggiunta autonomia e indipendenza da parte delle regole. Altre invece erano più originali e sensate, e sono entrate a far parte di questa nuova edizione: Mettete un vaso di fiori in tavola e tutto avrà un sapore migliore (numero 76); Amate le spezie (numero 46); e Se mangiate cibo vero non avete bisogno di regole (numero 24). Non tutte le regole presentate erano verificabili scientificamente, e alcune non sono riuscite a passare la selezione: Mangiate Pringles solo con bevande gassate dietetiche; Le patatine fritte prelevate dai piatti altrui non hanno calorie; Il pane bianco va bene solo per raccogliere il vetro o per pulire le tastiere.

Proporre «regole» per un rapporto più sano e rilassato con il cibo potrebbe sembrare un paradosso. Una regola non è forse antitetica al piacere e fonte d'impulsi conflittuali? Può esserlo, ma credo che nel nostro caso non sia così. Più che ordini sono algoritmi o abitudini personali – regole generali – pensati per semplificare la vita e non il contrario. Siamo già abbastanza nevrotizzati dal cibo, dalle indicazioni sulla salute e dalle ambiguità della scienza della nutrizione. Sin dall'inizio non ho voluto perdere di vista il piacere democratico del cibo – persino quello di un'occasionale barretta Snickers – ed è a questa fondamentale realtà che i dipinti di Maira danno risalto. E al fatto che mangiare è un momento di comunione – con gli altri e con la natura – oltre che biologico. Non posso parlare per Maira – i suoi dipinti lo fanno per lei –, ma penso che entrambi condividiamo la stessa attitudine verso il cibo: a dispetto di tutte le follie al riguardo, per quelli così fortunati da averne abbastanza il cibo è un soggetto più comico che tragico, e nei nostri pasti il senso del sacro può felicemente – e proficuamente – coesistere con quello dell'assurdo.

Introduzione

DI MAIRA KALMAN

Quando Michael mi ha chiesto
se volessi illustrare
questo libro,
ho dato due risposte.
La prima è stata SÌ. Assolutamente SÌ.
La seconda, che le PATATINE AL FORMAGGIO
hanno un posto d'onore
nella nostra storia famigliare.

Non se l'è presa.

Siamo in un grande paese.
Vasto. Complicato.

Con molto spazio
per gli estremi.

Tutti mangiamo.
Il cibo è il collante universale.
La vita è fragile. Fugace.
Che cosa vogliamo?
Essere sani.
Divertirci e amare e
vivere appieno la nostra vita.
Ed ecco che arriva Michael Pollan
con il suo piccolo (monumentale) libriccino.
Un libro a misura d'uomo e intelligente,
che descrive un mondo del cibo
sano e felice.
Ci chiede, con gentilezza, di azzerare
il rapporto con il cibo confezionato
e di tornare indietro nel tempo.

Mi piace tornare indietro nel TEMPO.
Mi regala PIÙ TEMPO.
Andare in giro assaporando
il mondo e il suo CIBO.
A Monticello, ho passeggiato
nel giardino di Thomas JEFFERSON.

Andava matto per i PISELLI.
Ho dipinto la sua terrina piena
di piselli. PISELLI. PISELLI.
Tutti dovrebbero mangiare PISELLI
(Non a ogni pasto, ovvio).
Che tutti possano mangiare BENE e PROSPERARE.
Maira Kalman

EAT FOOD

I

CHE COSA MANGIARE?

(Mangiate del cibo)

Le regole di questa sezione vi aiuteranno a distinguere i cibi veri – piante, animali e funghi che sono stati mangiati per generazioni – dai cibi molto lavorati della moderna scienza alimentare, ormai preminenti sul mercato e nella dieta occidentale. Ognuna di queste regole propone un diverso filtro per distinguere i primi dai secondi, ma tutte hanno il medesimo scopo: tener fuori dai vostri carrelli della spesa roba poco sana.

Cheezle
prepared cheese product
cheezle
MORE
and
LESS

1 | Mangiate del cibo

Oggi come oggi è più facile a dirsi che a farsi, specie quando nei supermercati si possono trovare circa settemila nuovi prodotti l'anno, in concorrenza tra loro. Molti di questi non meritano di essere chiamati cibo – preferisco chiamarli sostanze commestibili. Sono intrugli pesantemente lavorati da esperti alimentari, che consistono essenzialmente in ingredienti derivati dal mais o dalla soia che nessuna persona normale terrebbe nella dispensa, per di più ricchi di additivi chimici ai quali il corpo umano non è assuefatto. La sfida attuale per mangiare bene consiste nell'evitare queste novità industriali e scegliere del cibo vero.

2 | Non mangiate nulla che la vostra bisnonna non riconoscerebbe come cibo

Immaginate che la vostra bisnonna (o nonna, a seconda dell'età) vi sia accanto mentre vagate in un supermercato. Siete davanti al reparto latticini. Lei prende in mano una confezione di tubetti allo yogurt, ed è perplessa davanti a quei cilindri di plastica ripieni di una gelatina colorata al gusto di qualcosa. È cibo o dentifricio? Negli odierni supermercati esistono migliaia di prodotti che i nostri avi non riconoscerebbero come cibo. Le ragioni per evitare cibi tanto complicati sono molte, e non riguardano solo i vari additivi chimici e i derivati del mais o della soia che contengono, o la plastica nella quale sono in genere confezionati, probabil-

Extrudo
SAUCE

mente tossica. Oggi i cibi sono concepiti per essere comprati e mangiati in dosi maggiori, sollecitando i nostri impulsi evolutivi – le nostre innate preferenze per ciò che è dolce, grasso o salato. Questi sapori sono difficili da trovare in natura ma facili ed economici da ottenere in laboratorio, per cui si consumano più del necessario. La regola della bisnonna ci aiuterà a tenerli lontani dalla nostra spesa.

Nota: se la bisnonna fosse una pessima cuoca o una pessima forchetta, potete sostituirla con la bisnonna, magari francese o siciliana, di qualche amico.

Le prossime regole vi faranno affinare la strategia aiutandovi a navigare nell'insidioso panorama delle tabelle alimentari.

3 | Evitate prodotti alimentari con ingredienti che nessuna persona normale terrebbe in dispensa

Digliceridi etossilati? Cellulosa? Xantano? Propionato di calcio? Solfato di ammonio? Se non usereste questa roba per cucinare, perché dovreste permettere che altri lo facciano? La chimica alimentare è concepita per allungare la vita del prodotto: fa apparire il cibo vecchio più fresco e appetitoso, e vi fa mangiare il doppio. Non sappiamo se questi additivi siano o no pericolosi per la salute, perché non è da molto che li ingeriamo, in ogni caso è meglio evitarli.

Ethoxylated
Diglycerides

4 | Evitate prodotti che contengono sciroppo di mais ad alto contenuto di fruttosio

Non perché lo sciroppo di mais ad alto contenuto di fruttosio sia peggiore dello zucchero, ma perché, come molti altri elementi poco comuni che si trovano nei cibi confezionati, è indice di alimenti ultralavorati. Inoltre lo sciroppo di mais viene aggiunto a centinaia di alimenti un tempo non dolcificati – pane, condimenti, merendine –, perciò evitandolo ridurrete il consumo di zucchero. Ma non cascate nell'ultima trovata dell'industria alimentare: i cibi che non contengono «sciroppo di mais ad alto contenuto di fruttosio» bensì «zucchero di canna». Si può essere indotti a pensare che siano cibi più sani, ma non è così. Lo zucchero è zucchero.

5 | Evitate cibi che contengono qualche genere di zucchero (o dolcificante) elencato tra i primi tre ingredienti

Sulle etichette, gli ingredienti sono elencati in ordine di quantità e i prodotti che hanno soprattutto zucchero sono da evitare. (Un'eccezione a questa è la regola 79, che riguarda i cibi delle occasioni speciali). A complicare le cose, grazie alla scienza alimentare oggi i cibi lavorati possono contenere circa quaranta tipi diversi di zucchero, inclusi malto di orzo, zucchero di barbabietola, sciroppo di riso nero, succo di canna, dolcificante al mais, destrine, destrosio, fruttoligosaccaridi, concentrato di succo di frutta, glucosio, saccarosio, zuccheri invertiti, polidestrosio, zucchero turbinado, eccetera. In breve: lo zucchero è zucchero. Anche

DONUTS

50 ¢

lo zucchero biologico. E per quanto riguarda i dolcificanti non calorici come l'aspartame o lo Splenda, la ricerca (su uomini e animali) indica che non portano a una perdita di peso, per ragioni ancora non chiare. Potrebbe darsi che ingannare il cervello con la ricompensa di un dolce lo porti a desiderare sempre più dolciumi.

6 | Evitate i prodotti alimentari che contengono più di cinque ingredienti

Il numero indicato è arbitrario, ma più ingredienti sono elencati in un cibo confezionato più è probabile che sia lavorato. Nota 1: una lunga lista di ingredienti in una ricetta non è la stessa cosa – va bene. Nota 2: alcuni prodotti ora vantano, in maniera subdola, una breve lista di ingredienti. La Häagen-Dazs ha una nuova linea di gelati denominata «Five», cinque – ottimo, ma è pur sempre un gelato. Idem le patatine al mais Tostitos con solo tre ingredienti pubblicizzate da Frito-Lay – va bene, ma sono pur sempre patatine. In questi casi, applicate la regola 79 sui cibi delle occasioni speciali.

7 | Evitate i prodotti con ingredienti che un alunno delle elementari non saprebbe pronunciare

Di base la stessa idea di prima espressa in altri termini. Semplificate!

8 | Evitate prodotti alimentari con indicazioni salutiste

Questa regola potrebbe sembrare paradossale, ma riflettete: se un prodotto ha indicazioni del genere sulla confezione, innanzitutto è confezionato, e quindi molto probabilmente lavorato e non è cibo vero. E poi solo le grandi industrie alimentari hanno i mezzi per assicurarsi l'approvazione della FDA (Food and Drug Administration) per strombazzare al mondo indicazioni salutiste. In genere sono i prodotti della moderna scienza alimentare che forniscono le indicazioni più audaci, spesso incomplete o approssimative, o persino scientificamente discutibili. Non scordiamo che la margarina, uno dei primi cibi industriali a essere pubblicizzato come più sano del tradizionale condimento che andava a rimpiazzare, si è dimostrata piena di grassi trans responsabili di infarto. I cibi più sani in un supermercato – i prodotti freschi – non vantano la propria salubrità, perché i loro produttori non hanno il denaro per farlo o le confezioni su cui scriverlo. Non prendete il silenzio dei tuberi come un segno della loro mancanza di virtù per la vostra salute.

9 | Evitate i prodotti alimentari con le scritte « dietetico, « magro » o « senza grassi »

L'ormai quarantennale campagna per creare versioni con pochi grassi dei cibi tradizionali è stata fallimentare: con i prodotti magri siamo ingrassati. Perché? Rimuovere il grasso dai cibi non significa renderli meno ingrassanti. Anche i carboidrati ingrassano, e in molti prodotti con pochi grassi per compensare la mancanza di sapore si aumentano gli zuccheri. (Controllate gli ingredienti degli yogurt magri: in genere contengono più zuccheri all'etto delle bevande gassate). Inoltre, demonizzando un elemento nutritivo – il grasso – automaticamente se ne autorizzano altri supposti « buoni » – come i carboidrati – e si finisce per mangiarne in dosi eccessive. In realtà, da quando alla fine degli anni Settanta è cominciata la campagna per i prodotti a basso contenuto di grassi, abbiamo consumato più di cinquecento calorie aggiuntive quotidiane, molte delle quali in forma di carboidrati raffinati come gli zuccheri. Risultato: rispetto alla fine degli anni Settanta, in media il maschio è di circa otto chili in sovrappeso, e la femmina di circa nove. È meglio mangiare cibo vero con moderazione piuttosto che gettarsi su prodotti « dietetici », confezionati con zuccheri e sale.

10 | Evitate i cibi che vogliono sembrare quello che non sono

Le imitazioni del burro – tipo la margarina – sono l'esempio classico. Creare una roba come la crema di formaggio magra senza panna né formaggio richiede un alto livello di lavorazione; prodotti simili dovrebbero essere etichettati come imitazioni ed evitati. La stessa regola vale per le finte carni a base di soia, i dolcificanti, i grassi fasulli e gli amidi artificiali.

11 | Evitate i cibi pubblicizzati in televisione

L'industria alimentare è abile nel trasformare le critiche verso i propri prodotti – o regole come queste – in nuovi modi di vendere versioni leggermente modificate dello stesso cibo lavorato: basta riformulare il prodotto (senza grassi, senza grassi trans, senza sciroppo di mais ad alto contenuto di fruttosio, con meno ingredienti) e decantarne la presunta salubrità. Il modo migliore per sfuggire a questi stratagemmi commerciali è sottrarsi al marketing rifiutando di comprare prodotti troppo pubblicizzati. Solo le grandi aziende possono permettersi spot in televisione: più dei due terzi della pubblicità sul cibo è volta a promuovere cibi lavorati o alcolici). Evitando quindi i prodotti molto reclamizzati si evitano automaticamente le sostanze lavorate commestibili. Per quanto riguarda quel cinque per cento di pubblicità sul cibo sano (prugne, noci, carne bovina di allevamento)... be', il senso comune dovrebbe essere sufficiente, si spera, per evitare di fare di tutt'erba un fascio.

Fasulle indicazioni sulla salute e una scienza dell'alimentazione inaffidabile hanno trasformato i supermercati in luoghi insidiosi per acquistare vero cibo, il che ci porta alla prossima regola.

12 | Evitate il più possibile i supermercati

Ai mercati dei coltivatori diretti non troverete nessuno sciroppo di mais ad alto contenuto di fruttosio. E nemmeno cibi troppo lavorati, confezioni con liste di ingredienti impronunciabili o dubbie indicazioni sulla salute, alimenti per il microonde, o forse, peggio ancora, cibi vecchi provenienti da molto lontano. Troverete solo alimenti freschi e sani, raccolti quando sono più saporiti e nutrienti – proprio quelli che la vostra bisnonna, e persino i vostri antenati del Neolitico, avrebbero riconosciuto subito come cibo. Del genere vivo che magari marcisce.

Ma siccome prima o poi finiamo tutti al supermercato, ecco un paio di regole per orientarsi.

13 | Al supermercato, acquistate nelle zone laterali e state alla larga da quelle centrali

Tutti i supermercati sono in genere organizzati nello stesso modo: i cibi ultralavorati sono disposti al centro, mentre i reparti del fresco – carne, pesce, latticini – sono ai lati. Se vi tenete ai margini, avrete più possibilità di far finire nel carrello del cibo vero. Ma non è una strategia infallibile, visto che robaccia come lo sciroppo di mais ad alto contenuto di fruttosio si è fatta largo tra i latticini camuffandosi dentro lo yogurt e simili.

E
A
T
BOREDOM
BITZ
SADNESS
ZIP
SOUP
GOOP
CHEEZLE
WEEZLE
ANXIETY
OOPS
IFS
YIKES
GRAB
SCARFF
JUMBO OOPS
GRANDMA'S FAVORITE BOLOGNA
PICKLED ROPE BOLOGNA
DIET COLA
HOPE

MORE
ESPAIR
DIET
MORE
LESS
ENNUI
LESS and MORE
100%
ANGER
MORE
LESS
MORE
LESS
Extrudo
EXTRUDO SAUCE DELUXE

14 | Mangiate solo cibo che può marcire

Che significa andare a male per il cibo? In genere vuol dire che funghi e batteri e insetti e roditori con i quali lottiamo per le sostanze nutritive e le calorie sono arrivati prima di noi. La ragione per cui gli alimenti vengono lavorati sta nel volerne prolungare la durata di conservazione, proteggendoli da questi nostri antagonisti. E spesso ciò si ottiene rendendo il cibo meno attraente per loro, rimuovendo gli ingredienti nutritivi che li attirano, o eliminando quelli che potrebbero irrancidire, come gli acidi grassi omega-3. Più il cibo è lavorato, più a lungo sopravvive, e meno nutriente è. Il cibo vero è vivo – e quindi deperibile. (Ci sono poche eccezioni: il miele ha una vita lunghissima). Nota: la maggior parte delle sostanze immortali in forma di cibo si trova nella zona centrale dei supermercati.

15 | Mangiate cibi con ingredienti che si possano immaginare crudi o in natura

Leggete la composizione di un pacchetto di Twinkies o Pringles e cercate di immaginarne gli ingredienti crudi o al naturale: è impossibile. Questa regola vi aiuterà a evitare tutte le sostanze chimiche o artificiali.

16 | Fate la spesa ogni settimana

Sarà molto più facile mangiare sano se avrete in casa alimenti freschi da cucinare. Potrete anche pianificare meglio i pasti della settimana e sapere cosa avete in dispensa e nel frigo.

17 | Comprate gli spuntini al mercato

Vi ritroverete a fare i vostri spuntini con frutta fresca o secca – cibo vero – anziché con merendine o patatine.

18 | Mangiate a chilometro zero

Più la catena alimentare è corta, più è probabile che il cibo sia sano. Contiamo le calorie e ci fissiamo sui nutrienti, ma la migliore guida per un cibo sano è il suo grado di lavorazione: il numero di passaggi e di tempo tra il campo e la tavola.

19 | Mangiate solo cibi che sono stati cotti da esseri umani

Se dovete mangiare cibo cotto da altri, è meglio che sia cotto da esseri umani piuttosto che da multinazionali. In genere queste cucinano con troppo sale, grassi e zucchero, e con conservanti, coloranti e altri ritrovati biologici. Inoltre mirano a creare prodotti con scadenza illimitata. Nota: se è vero che gli chef sono esseri umani, spesso anche loro cucinano con troppo sale, grassi e zucchero, perciò le cene al ristorante andrebbero riservate alle occasioni speciali. Di seguito trovate qualche utile variante alla regola del cibo cotto da umani.

20 | Non ingerite cibo preparato in luoghi dove è obbligatoria una cuffia per capelli

21 | Se viene da una pianta, mangiatelo; se viene da un impianto no

Nutritional Industrial Complex
OPEN

22 | Non è cibo se arriva dal finestrino dell'auto

23 | Non è cibo se ha lo stesso nome in tutte le lingue (Big Mac, Cheetos, Pringles...)

24 | Se mangiate cibo vero non avete bisogno di regole

II

CHE TIPO DI CIBO MANGIARE?

(Soprattutto verdure)

Se seguirete le regole proposte fin qui mangerete quasi sempre del cibo vero e sano – la semplice chiave di una dieta corretta. Ma anche così le possibilità non mancano. La lezione che si ricava dalla sorprendente diversità dei regimi alimentari tradizionali adottati dai popoli nel tempo è che ci si può nutrire con una stupefacente gamma di alimenti, purché si tratti di cibi veri. Sono esistite e perdurano diete sane con molti o pochi grassi, ma sempre a base di cibo vero. Tuttavia alcuni cibi sani sono migliori di altri, e il modo di produrli e di combinarli nei pasti può fare la differenza. Le regole di questa sezione propongono una serie di strategie personali riguardo a cosa mangiare, oltre al fatto che si tratti di « cibo ».

25 | Mangiate soprattutto verdure, specie se a foglia larga

Gli scienziati potranno non essere d'accordo su cosa faccia bene delle verdure – gli antiossidanti? le fibre? gli acidi grassi omega-3? –, ma concordano sul fatto che fanno bene e non male. Molti studi dimostrano che una dieta ricca di verdure e frutta riduce il rischio di morire per una delle tipiche malattie occidentali; nei paesi dove la popolazione mangia mezzo chilo o più di verdura e frutta al giorno, il tasso di cancro è della metà rispetto agli Stati Uniti. Seguendo una dieta a base di vegetali, si consumano meno calorie, perché i cibi che vengono dalle piante – con l'eccezione dei semi, inclusi cereali e noci – sono molto meno « carichi di e-

nergia» degli altri alimenti. (E consumare meno calorie protegge da molte malattie croniche). È noto che i vegetariani sono più sani e longevi dei carnivori.

26 | Usate la carne per insaporire o come cibo per le occasioni speciali

Se è vero che i vegetariani sono più sani e longevi dei carnivori, non significa che dobbiate eliminare la carne dai pasti, se vi piace. La carne, che gli esseri umani hanno mangiato e apprezzato per secoli, è un alimento nutriente, ecco perché suggerisco di mangiare « soprattutto » e non « soltanto » verdure. L'americano medio però mangia carne anche tre volte al giorno – oltre un paio d'etti a persona – ed è assodato che più carne contiene una dieta – specie se rossa – più alto è il rischio di infarto e cancro. Perché? Potrebbero essere i grassi saturi o il genere di proteine che la carne contiene, o per il semplice motivo che così facendo si riducono le verdure nel piatto. Provate a invertire le misure delle porzioni tradizionali: invece di due etti di carne e un etto di verdura fate il contrario. Forse la pensava così Thomas Jefferson nel raccomandare una dieta a base di verdura dove la carne fosse usata solo come « tocco di sapore ».

Invece di due Etti di CARNE e
un Etto di verdure,
REGOLATi su UN etto di MANZO
e due Etti di VERDURE

one
one
one
zero
two
four

27 | «Mangiare ciò che sta su una gamba sola [funghi e piante] è meglio di mangiare ciò che sta su due [pollame], che è meglio di mangiare ciò che sta su quattro [mucche, maiali e altri mammiferi]»

Questo proverbio cinese è un buon distillato di saggezza tradizionale relativa alla salubrità dei vari cibi, anche se inspiegabilmente esclude il pesce, sanissimo e privo di gambe. Eccone una versione condensata: «Meno piedi, più caschi in piedi».

28 | Mangiate colorato

Un buon esempio di una credenza popolare che si è scoperta fondata scientificamente è che un piatto sano debba essere ricco di tanti colori diversi. I colori delle varie verdure riflettono i diversi antiossidanti fitochimici che contengono – antocianine, polifenoli, flavonoidi, carotenoidi. Molte di queste sostanze chimiche aiutano a proteggere dalle malattie croniche, ma ognuna lo fa in modo differente, perciò la migliore dieta è quella che contiene più fitochimici possibile.

29 | Bevete l’acqua degli spinaci

Un altro stralcio di saggezza popolare con un fondamento scientifico: l’acqua in cui si lessano le verdure è ricca di vitamine e di altre sostanze chimiche salutari. Mettetela da parte per zuppe e per aggiungerla ai condimenti.

30 | Mangiate animali che hanno mangiato bene

Ciò che un animale mangia, influenza molto la qualità nutritiva e la salubrità dei cibi che se ne ricavano, si tratti di carne, latte o uova. Dovrebbe essere un fatto lampante, che invece viene ignorato dalla catena alimentare industriale, preoccupata solo di produrre una grande quantità di proteine animali a buon mercato. Questo sistema ha modificato la dieta della maggior parte degli animali che mangiamo, recando danno alla loro salute e alla nostra. Tutti, persino i ruminanti che si nutrono di erba, vengono sottoposti a una dieta energizzante a base di cereali per accelerarne la crescita, mentre anche quelli che tollerano i cereali sono più

sani se hanno accesso alle piante verdi – e così, come si evince facilmente, i prodotti che ne traiamo, i quali contengono grassi migliori (più omega-3, meno omega-6), oltre ad avere un livello decisamente più alto di vitamine e antiossidanti. (Per la stessa ragione, la carne degli animali selvatici è particolarmente nutriente, vedi la regola 34). Se possibile, conviene cercare carni da pascolo al mercato – e pagarne il sovrapprezzo.

31 | Se avete spazio, comprate un congelatore

Quando trovate un buon rivenditore di carne da pascolo, compratene in gran quantità. Comprare la carne in dosi massicce, diciamo un quarto di manzo o un intero maiale – è un modo di mangiare bene spendendo meno. I congelatori appositi sono sorprendentemente poco dispendiosi sia da comprare che da usare, perché vengono aperti meno spesso del normale frigorifero. Un congelatore permette anche di comprare di più al mercato, e incoraggia all'acquisto di prodotti in gran quantità quando sono all'apice della produzione stagionale – e dunque più economici. E il congelamento non riduce che in minima parte il valore nutritivo dei prodotti.

32 | Mangiate come degli onnivori

Che mangiate o meno prodotti animali, è bene cercare di aggiungere alla propria dieta non solo nuovi cibi, ma nuove specie – cioè nuove specie di funghi, animali, verdure. La stupefacente varietà dei prodotti alimentari in offerta nei supermercati è ingannevole, perché in larga parte è creata con lo stesso genere di specie vegetali, molte delle quali – mais, soia, grano – sono semi e non foglie. Più specie mangerete, più sarete in grado di assicurarvi elementi nutritivi basilari.

33 | Mangiate cibo cresciuto bene su terreni sani

Sarebbe stato più semplice dire « mangiate biologico », ed è vero che i cibi certificati come biologici in genere provengono da terreni più sani – terreni nutriti da fertilizzanti organici e non chimici. (E che contengono poco o nessun residuo di pesticidi sintetici o di prodotti farmaceutici). Ci sono ottimi agricoltori e allevatori che per una ragione o per l'altra non hanno la certificazione biologica, e i cui eccellenti prodotti non vanno ignorati. (E solo perché un cibo è etichettato come biologico non significa che faccia bene: le bevande gassate biologiche sono pur sempre bevande gassate – piene d'inutili calorie).

Esiste una ricerca a supporto dell'ipotesi, già avanzata da Albert Howard e J.I. Rodale, che i terreni ricchi di sostanze organiche producano cibo più nutriente: cioè cibo con più alti livelli di antiossidanti, flavonoidi, vitamine e minerali. È ovvio che trasportato su di un camion per giorni, qualsiasi prodotto perde molte delle sue proprietà nutritive, quindi la cosa migliore sarebbe mangiare cibo che sia biologico e a chilometro zero.

34 | Quando possibile mangiate cibo selvatico

Due delle piante con più nutrienti al mondo – il farinello e la portulaca – sono erbe selvatiche, e molte delle diete più salutari, come quella mediterranea, fanno largo uso di questo tipo di erbe. Prati e boschi sono pieni di piante molto più ricche di fitochimici rispetto ai loro parenti domestici. Perché? Perché sono piante che devono difendersi da parassiti e malattie senza il nostro aiuto, e perché storicamente abbiamo selezionato e coltivato piante in base alla loro dolcezza, mentre molti dei composti difensivi prodotti dalle piante sono amari.

Coltiviamo anche prodotti che durino più a lungo, selezionando così poco saggiamente piante con pochi acidi grassi omega-3, che si ossidano facilmente – irrancidiscono. È il caso di aggiungere alla propria alimentazione anche animali selvatici e pesce pescato, avendone modo. In genere la selvaggina ha meno grassi saturi e più grassi salutari degli animali domestici, perché la maggior parte degli animali selvatici a sua volta mangia più piante che semi (vedi la regola 30).

35 | Non snobbate il pesce azzurro

Il pesce pescato è uno degli alimenti più sani in assoluto, ma molte specie ittiche sono quasi al collasso per via della pesca intensiva. Evitate i pesci grandi al culmine della catena alimentare marina – tonno, pesce spada, squalo –, perché sono a rischio di estinzione e spesso contengono un alto livello di mercurio.

Per fortuna alcune delle specie più nutrienti – come lo sgombro, le sardine, le acciughe – sono relativamente ben gestite, e a volte persino abbondanti. Sono i cosiddetti pesci azzurri, che rappresentano una scelta particolarmente azzeccata. Secondo un proverbio olandese: « In un paese con tante aringhe servono pochi dottori ».

In un paese con TANTE ARINGHE
servono pochi dottori

36 | Mangiate cibi predigeriti da batteri o funghi

Molte culture tradizionali sostengono i benefici dei cibi fermentati – cibi che sono stati trasformati dai microrganismi, come lo yogurt, i crauti, la salsa di soia, il kimchi, il pane a lievitazione naturale. Sono alimenti che apportano vitamina B12, una sostanza fondamentale che non si ricava dalle piante. (La B12 è prodotta da animali e batteri). Molti cibi fermentati possiedono anche probiotici – batteri benefici che secondo alcune ricerche aiutano il sistema digestivo e immunitario, e che secondo altri studi contribuiscono a ridurre le reazioni allergiche e gli stati infiammatori.

37 | Salate e dolcificate voi stessi il vostro cibo

Che siano zuppe, cereali o bevande analcoliche, i cibi e le bibite preparati industrialmente contengono molto più sale e zucchero di quanto chiunque – persino un bambino – si sognerebbe di aggiungere. Salando e dolcificando voi stessi il cibo, lo adatterete al vostro gusto, e vi renderete conto di consumare molto meno sale e zucchero di prima.

Sophisticated
(SUGAR)
SODA

38 | Mangiate cibi dolci così come si trovano in natura

In natura gli zuccheri sono spesso associati alle fibre, che ne rallentano l'assorbimento e che, donando un senso di sazietà, evitano l'eccesso di calorie. Ecco perché è sempre meglio mangiare un frutto che il suo succo. Perciò non bevete la frutta, e ricordate: non esiste una bevanda gassata che faccia bene.

39 | A colazione, non mangiate cereali che cambiano il colore del latte

Va da sé: sono cereali molto lavorati e zeppi di carboidrati raffinati e di additivi chimici.

THE CRAZIEST FUN YOU'LL EVER CONSUME
CRAZY FUN
FOOD FOR FUN! FULL OF IT!
CRAZY FUN CEREAL PROVIDES YOU WITH TWICE THE ZILCH OF OTHER CEREALS
APPROVED
PROVIDES US WITH CRAZY FUN PROFITS!

40 | Bevete soprattutto acqua

Quando avete sete, fate come gli animali: bevete acqua. E bevendo un bicchiere d'acqua prima dei pasti mangerete anche meno. Nota: nella maggior parte dei posti l'acqua più economica e di migliore qualità è quella del rubinetto, perciò evitate l'acqua in bottiglia o imbottigliatela voi stessi.

41 | Il latte è un cibo, non una bevanda

Come le bevande gassate, la birra, il succo di frutta, e ogni altro liquido che contiene molte calorie. In genere, è meglio procurarsi calorie dai cibi solidi, che danno una sensazione di pienezza, invece che dai liquidi. Gli umani sono gli unici mammiferi a consumare ingenti quantità di energia in forma liquida dopo lo svezzamento. La ricerca dimostra che le bevande non attivano la stessa sensazione di sazietà dei cibi solidi contenenti lo stesso numero di calorie, perciò bevendo si tende ad assumere troppe calorie.

42 | « Più pane bianco mangerete, prima morirete »

Questo stralcio di saggezza popolare piuttosto schietto (tramandato da nonne ebree e italiane) indica come a livello popolare sia noto da tempo che l'utilizzo della farina bianca è collegato a un rischio per la salute. Per quanto riguarda il corpo umano, la farina bianca non è molto diversa dallo zucchero. Se non viene arricchita, non ha nessuna delle qualità (fibre, vitamine del gruppo B, grassi sani) di quella integrale – è praticamente una sorsata di glucosio. Alti livelli di glucosio provocano stati infiammatori e alterano l'azione dell'insulina nel metabolismo lipidico. Mangiate farina integrale e riducete al minimo il consumo di farina bianca. Uno studio recente dimostra che le nonne ligie a questa regola avevano ragione: chi mangia farina integrale vive meglio e più a lungo.

43 | Se siete preoccupati per il peso, evitate cibi con zuccheri e amidi

Era quello che ci ripetevano le nonne, e che la saggezza popolare ha sempre ritenuto giusto. Nonostante l'aumentata fobia per i grassi degli ultimi decenni del ventesimo secolo, un semplice ma sensato messaggio come questo è stato però dimenticato. Eppure i più recenti studi sulle cause dell'obesità dimostrano che le nonne avevano perfettamente ragione.

44 | Preferite oli e grani macinati tradizionalmente

Gli oli e le farine erano molto più nutrienti quando la molitura era l'unico modo per raffinarli. Il grano macinato a pietra contiene più fibra e germe; dalla pietra non si ottiene farina bianca. I benefìci nutritivi della farina integrale sono notevoli: fibre; l'intera gamma delle vitamine B; gli oli salutari: tutte cose sacrificate dai nuovi mulini a cilindri (come ho già detto le farine raffinate non sono molto diverse dagli zuccheri). E i nuovi oli estratti con metodi chimici tendono ad avere acidi grassi meno sani e più additivi degli oli di oliva, sesamo, palma e arachidi ottenuti nel modo tradizionale.

45 | Mangiate tutto il cibo spazzatura che volete, purché ve lo prepariate da voi

Non c'è niente di male a mangiare dolci, cibi fritti, pasticcini e persino a bere bevande gassate di tanto in tanto, ma le industrie alimentari hanno reso queste leccornie, un tempo costose e difficili da preparare, così economiche e semplici che le si può mangiare sempre. Le patatine fritte non sono diventate il vegetale preferito dagli americani fino a quando l'industria non si è presa la briga di lavare, pelare, tagliare e friggere le patate – e mettere tutto a posto. Se doveste fare da voi tutte le patatine fritte che mangiate, le vorreste molto meno spesso, se non altro per pigrizia. Lo stesso vale per pollo fritto, torte, dolci, gelati. Godetevi queste prelibatezze ogni volta che avete voglia di prepararle – non sarà certo ogni giorno.

46 | Amate le spezie

Erbe e spezie possono arricchire il cibo senza aumentare il contenuto di sale, grassi o zuccheri.

47 | Siate come chi prende gli integratori... per poterne così fare a meno

È noto come la gente che prende integratori sia in genere più sana, ma è noto anche come molti studi attestino che gli integratori non sono poi così efficaci. Com'è possibile? Chi prende gli integratori è in salute per ragioni che non hanno a che vedere con le pillole che assume. Si tratta in genere di persone più attente alla salute, più istruite e benestanti. È probabile che facciano anche più esercizio fisico e che mangino cibi integrali. Perciò, se possibile, siate come le persone che prendono gli integratori... e poi risparmiate il vostro denaro non comprandoli. (Un'eccezione a questa regola riguarda chi ha specifiche carenze nutritive o ha più di cinquant'anni. Invecchiando cresce il bisogno di antiossidanti mentre diminuisce la capacità del corpo di assorbirli dai cibi. E se non mangiate molto pesce, non sarebbe male che prendiate anche degli integratori a base di olio di pesce).

48 | Mangiate soprattutto come i francesi. O i giapponesi. O gli italiani. O i greci

In genere chi mangia seguendo le regole di una cultura alimentare tradizionale è più in forma di chi segue la moderna dieta occidentale a base di cibi lavorati. Qualsiasi dieta tradizionale funziona: se non fosse salutare, le popolazioni che la seguono si sarebbero estinte. È vero che le culture alimentari sono radicate in una determinata società e uno specifico sistema economico o ambientale, e che alcune sono migliori di altre – quella inuit è di sicuro peggio di quella italiana. Attingendo da altre culture alimentari fate attenzione a come, e di cosa, quella cultura si nutre. Pensate al paradosso francese, ad esempio. Non sono gli ingredienti che rendo-

no i francesi sani (grandi quantità di grassi saturi e farina bianca?!), quanto le loro abitudini alimentari: piccole porzioni nelle occasioni conviviali; niente razioni supplementari né spuntini. Fate anche attenzione a come le culture tradizionali combinano i cibi: in America Latina il mais in genere è cucinato con lime e mangiato con i fagioli; quel che potrebbe essere in sé un alimento piuttosto carente dal punto di vista nutritivo diventa così la base di una dieta bilanciata e salutare. (I fagioli contengono aminoacidi che il mais non ha, e il lime aiuta ad assimilare la niacina). Le culture che hanno preso il mais dall'America Latina senza fagioli e lime hanno finito per soffrire di gravi carenze nutritive come la pellagra. Le diete tradizionali sono molto più della somma dei loro cibi.

49 | Diffidate dei cibi non tradizionali

L'innovazione è sempre interessante, ma nel campo del cibo è meglio avere un approccio cauto verso le novità. Se i regimi alimentari sono il risultato di un processo evolutivo nel quale gruppi di individui si sono adattati a piante, animali e funghi disponibili, un cibo nuovo o un'invenzione culinaria possono essere paragonati a una mutazione. Può sembrare un progresso evolutivo, ma spesso non lo è. I derivati della soia sono un ottimo esempio. Abbiamo mangiato soia in forma di tofu, salsa e tempeh per generazioni, ma oggi ci nutriamo di novità come le «proteine isolate di soia», gli «isoflavoni di soia», le «proteine vegetali testurizzate» ricavate dalla soia e dagli oli idrogenati di soia; tutti nuovi prodotti piuttosto dubbi. Come ha scritto un autorevole scienziato del FDA, «La salubrità dei derivati della soia è basata più sulla fiducia che su dati certi».[1] Fino a che questi dati non ci saranno, sarà meglio mangiare la soia preparata nel tradizionale modo asiatico anziché secondo le ricette vagheggiate dagli scienziati del cibo.

1. D.M. Sheehan, *Herbal Medicines, Phytoestrogens, and Toxicity: Risk: Benefit Considerations,* in «Proceedings of the Society for Experimental Biology and Medicine», 217 (1998), pp. 379-85.

50 | Evitate gli ingredienti che ingannano il vostro corpo

Come i dolcificanti artificiali e gli aromi, gli amidi e i grassi fasulli, il glutammato monosodico e le sostanze testurizzate. Quando si mangia, il senso del gusto e dell'olfatto, e anche la sensazione al palato, mandano al cervello dei segnali che preparano il corpo a digerire e metabolizzare cibi e sostanze nutritive specifiche. Le falsificazioni alimentari alterano questo sistema, il che spiega come mai chi è abituato a bere bevande gassate non perde peso quando passa ai dolcificanti artificiali.

51 | Gustatevi le bevande che contengono caffeina naturale e non artificiale

Il caffè e il tè ci rendono felici, svegli e più energici, ecco perché spesso gli scienziati hanno cercato di trovare in loro qualcosa di nocivo. Nel tempo le bevande a base di caffeina sono state ritenute responsabili di problemi al cuore e alle ossa, di cancro e ipertensione, ma finora questi sospetti hanno risparmiato caffè e tè. Di fatto gli antiossidanti del tè e del caffè (come della cioccolata, che pure contiene caffeina) possono persino far bene. Troppa caffeina può renderci agitati o ansiosi, e le bevande energetiche a base di caffeina di nuova generazione sono ancora sotto esame. Sarà dunque meglio per il momento assumere, con moderazione, caffeina ricavata da una pianta e non prodotta artificialmente.

Cuppa Cuppa
COFFEE HOUSE

gimme
coffee

52 | A cena, bevete un bicchiere di vino

Il vino non è certo il cardine della dieta francese e mediterranea, ma ne è parte integrante. Prove scientifiche sui benefìci dell'alcol oggi confermano secoli di credenze tradizionali e testimonianze aneddotiche. Consapevoli degli effetti dell'alcol sul comportamento e sulla salute, le autorità sanitarie sono ben lungi dal raccomandarlo, ma in realtà le persone che bevono con moderazione e regolarità vivono più a lungo e sono meno soggette a patologie cardiache degli astemi. Ogni tipo di alcol può ridurre il rischio di malattie cardiache, ma i polifenoli del vino rosso (il resveratrolo in particolare) hanno qualità profilattiche uniche. La maggior parte degli esperti raccomanda non più di due bicchieri al giorno per l'uomo e uno per la donna. Inoltre i benefìci dell'alcol sono legati sia alla quantità sia alla modalità di assunzione: bere poco ogni giorno è meglio che bere tanto solo nei fine settimana, e bere mangiando è meglio che farlo fuori pasto. Un giorno la scienza sarà in grado di comprendere le complesse sinergie attive in una dieta tradizionale che preveda il vino, ma fino ad allora potremo solo stupirci di tanta antica saggezza – e brindare al paradosso.

III

COME MANGIARE?

(Non troppo)

Le regole delle due sezioni precedenti riguardano soprattutto che cosa mangiare; quelle di questa sezione hanno a che fare con qualcosa di più vago ma non meno importante: l'insieme di modi, abitudini alimentari, tabù e linee guida implicite che governa la relazione tra persone (e culture) e cibi.

Il modo in cui si mangia ha probabilmente la stessa influenza sulla salute (e sulla linea) del tipo di cibo che si sceglie.

È la lezione molto profonda che si ricava dal cosiddetto paradosso dei francesi: una popolazione che pur mangiando tutta una serie di cibi grassi in teoria malefici, innaffiati di vino rosso, misteriosamente (almeno per i nutrizionisti) rimane più sana, magra e longeva di noi americani. Ma i nutrizionisti non capiscono che i francesi hanno una relazione con il cibo completamente diversa dalla nostra. Niente spuntini, servono porzioni modeste in piatti piccoli, non fanno il bis e mangiano prevalentemente durante lunghi e piacevoli pasti in compagnia di altre persone. Le abitudini che governano il loro comportamento potrebbero avere più importanza di ipotetiche sostanze magiche nella loro dieta.

Le regole seguenti sono pensate per incoraggiare una più sana relazione con il cibo, qualunque esso sia.

53 | Pagate di più, mangiate di meno

Con il cibo, come per tante altre cose, chi più paga più ottiene.

Qualità e quantità non sono interscambiabili, e «l'esperienza con il cibo» di una persona – la durata o il quoziente di piacevolezza di un pasto – non è proporzionale al numero di calorie assunte. Per molti anni il sistema alimentare americano ha dedicato le proprie energie ad aumentare la quantità del cibo, riducendone i prezzi, piuttosto che ad accrescerne la qualità. È ovvio che il cibo migliore – per sapore e qualità nutritiva (spesso abbinati) – costa di più, perché è cresciuto o è stato allevato con un ritmo meno intensivo e più cure. Negli Stati Uniti non tutti possono permettersi di mangiare bene, ed è una vergogna, ma molti sì: gli americani spendono meno del dieci per cento dei loro guadagni in cibo, meno dei cittadini di ogni altra nazione. Negli Stati Uniti, mentre il costo degli alimenti è diminuito, sia come prezzo effettivo che in termini di sforzo per portarlo in tavola, gli americani hanno mangiato di più (e speso di più per le cure mediche). Quando il cibo è più buono e quindi più caro, se ne mangia forse anche meno, e con più attenzione. E il cibo di qualità con un sapore migliore dà soddisfazione anche in dosi ridotte. Scegliete la qualità più che la quantità, il piacere del cibo più delle mere calorie. Come dicevano le nonne: «Meglio pagare il droghiere che il dottore». O meglio l'agricoltore del farmacista.

54 | ... mangiate di meno

È forse il consiglio più sgradito in assoluto, ma mangiare meno di quanto si faccia – anche se non si è sovrappeso – è scientificamente consigliato. Che la «restrizione calorica» rallenti l'invecchiamento degli animali è stato più volte dimostrato, e molti ricercatori credono che ciò sia alla base della prevenzione del cancro. Mangiamo molto più di quanto necessiti il nostro corpo per mantenersi in salute, e l'eccesso è catastrofico, non solo per il peso. Nel cibo, è il caso di dire, meno è abbastanza. Non siamo i primi nella storia a doverselа vedere con le difficoltà derivate dagli eccessi alimentari; altre culture hanno dovuto escogitare modi per promuovere la moderazione. Le regole seguenti offrono alcune provate strategie.

La forchetta
e il cucchiaio di Gandhi

55 | Smettete di mangiare prima di sentirvi sazi

Oggi si pensa che sia normale mangiare fino a sentirsi sazi, ma molte culture raccomandano specificamente di fermarsi molto prima di raggiungere questo stadio. I giapponesi dell'isola di Okinawa hanno un detto – *hara hachi bu* – che consiglia di fermarsi quando si è sazi all'ottanta per cento. La tradizione ayurvedica indiana consiglia di farlo quando si è sazi al settantacinque per cento; per i cinesi vale il settanta, e per il profeta Maometto una pancia piena contiene un terzo di cibo e un terzo di liquido – e un terzo di aria, cioè di niente. (Notate come sia ristretto il range specificato in questi consigli: tra il sessantasette e l'ottanta per cento di sazietà. Scegliete voi). Una massima tedesca recita: « Chiudi il sacco prima che sia pieno ». E quanti di noi hanno sentito dire dai nonni di alzarsi da tavola con ancora un po' d'appetito? E una volta di più sono i francesi ad avere qualcosa da insegnare. In francese quando uno è affamato dice *J'ai faim*, « Ho fame », e quando finisce di mangiare non dice che è pieno, ma *Je n'ai plus faim*, « Non ho più fame ». È un modo completamente diverso di vedere la sazietà. Chiedendo ai nostri bambini: « Siete pieni? », gli insegniamo a mangiare più di quanto non necessitino per essere soddisfatti. Sarebbe meglio dire: « Siete soddisfatti? ». E lo stesso vale per voi: non chiedetevi « Sono pieno? » ma « Mi è passata la fame? ». Vi accorgerete che quel momento arriva molto prima.

Il cibo è un costoso antidepressivo

56 | Mangiate per fame e non per noia

Per molti di noi mangiare ha poco a che vedere con la fame. Mangiamo per noia, per svago, per consolazione o per ricompensa. Alcuni lo definiscono « nutrire il cuore affamato ». Cercate di capire perché mangiate, e chiedetevi se avete davvero fame – prima di mangiare e mentre mangiate. Il cibo è un costoso antidepressivo.

57 | Se non vi mangereste una mela, allora non è vera fame

Questo piccolo esperimento è un buon sistema per assicurarsi se il desiderio di mangiare corrisponda a fame o ad altro: se l'idea di mangiare una mela non vi aggrada, allora è probabile che siate in cerca di cibo per abitudine, noia o tristezza. Lo stimolo passerà. Se invece l'idea vi aggrada... mangiatevi una mela.

58 | Va bene avere un po' di fame

Vivendo in paesi dove l'offerta di cibo è perpetua, è facile cedere alla tentazione di mangiare qualcosa al primo accenno di fame. Non fatelo. Starete meglio se saprete aspettare: sarete più acuti, svegli, felici. Assaporerete anche meglio il cibo una volta a tavola. Come ha scritto Cervantes: « La fame è il miglior condimento ». Ma...

59 | Evitate di avere troppa fame

Arrivando a tavola molto affamati, si tende a mangiare troppo. E anche a optare per i cibi che fanno più ingrassare: secondo i ricercatori gli ormoni attivati dalla fame predispongono alle scelte più caloriche. Lo stesso vale per la spesa: quando si ha molta fame si comprano molti cibi sbagliati.

60 | Consultate le viscere

Per decidere quanto mangiare, molti di noi tengono in considerazione segnali esterni, in genere visivi. Per esempio, più abbondante è la porzione, più mangiamo; più grande è il recipiente più cibo versiamo. Come per molti altri aspetti della vita moderna, la cultura del cibo è diventata una cultura visiva. Nel caso del cibo, però, conviene attivare gli altri sensi, che spesso forniscono informazioni più utili e accurate. Il cervello impiega circa venti minuti prima di percepire la sensazione di sazietà; ciò significa che se si finisce di mangiare prima dei venti minuti, questa sensazione non arriva in tempo utile. Quindi rallentate il pasto e fate attenzione a cosa il vostro corpo – e non solo i vostri occhi – vi sta comunicando. È un po' quello che i genitori intendevano con il monito: « Hai gli occhi più grandi del piatto ».

61 | Servite per prima cosa le verdure

Chi mangia carne, la serve in genere per prima e aggiunge poi le verdure – chiamandole « contorno ». Servendo invece le verdure per prime, si tende a prenderne, e mangiarne, molte di più. O meglio: riempite il piatto di verdure e considerate la carne il contorno.

62 | Mangiate lentamente...

... e non solo per accorgervi di quando è ora di smettere. Mangiate lentamente per assaporare meglio il cibo; ve ne basta meno per sentirvi soddisfatti. Se cercate un'esperienza culinaria anziché delle mere calorie, più lentamente mangiate più vi godrete l'esperienza. Un proverbio indiano rende il concetto: «Bevi il tuo cibo e mastica la tua bevanda». In altre parole, mangiate abbastanza lentamente, e masticate così a lungo da ridurre il cibo a un liquido, e rigirate in bocca le bevande per gustarvele appieno prima di deglutire. Può sembrare un consiglio un po' fiscale, ma provate a seguirlo almeno al punto da apprezzare fino in fondo quello che avete in bocca. Un'altra strategia, codificata in una massima quasi dimenticata: « Posate la forchetta tra un boccone e l'altro ».

63 | « Il banchetto è nel primo boccone »

Memorizzare questo adagio vi aiuterà ad assaporare il cibo e a mangiare più lentamente. Il primo boccone è il migliore, i successivi sono sempre meno soddisfacenti. (C'è un proverbio cinese molto calzante: « Più mangi, meno sapore senti; meno mangi, più sapore senti »). Gli economisti la chiamano « legge dell'utilità marginale decrescente »: è un invito ad assaporare i primi bocconi e fermarsi in tempo. Continuando a mangiare, si assumono più calorie ma non necessariamente si prova più piacere.

64 | Che il vostro pasto duri tanto a lungo quanto c'è voluto per prepararlo

È una buona regola che al contempo onora il cuoco per la cura dedicata a cucinare e aiuta il commensale a rallentare e assaporare il pasto.

65 | Pensate all'origine di quello che mangiate

Prima di un pasto, soffermarsi a riflettere sul lavoro meraviglioso che porta il cibo dalla terra alla vostra tavola significa mangiare con più piacere e consapevolezza. Che si ringrazi ad alta voce o si rifletta in silenzio su questo miracolo quotidiano, è una pratica che favorisce un mangiare più consapevole. E la consapevolezza aiuta a mangiare più lentamente e sensatamente. « Questo cibo è il frutto d'innumerevoli esseri » dice una preghiera zen recitata prima del pasto. « Ricordiamoci della loro fatica ».

66 | Mangiate quello che c'è

Se i bambini imparano a sedersi a tavola come se fossero al ristorante, mangiano come molti fanno al ristorante: troppo. Sia per gli adulti sia per i bambini è buona regola mangiare ciò che viene servito, a meno che non ci siano problemi di allergie o prescrizioni religiose. L'industria alimentare promuove un grande individualismo nel mangiare – dando alla gente ciò che vuole nel momento esatto in cui lo vuole – in modo da vendere di più. Ma induce a mangiare troppo. Quando mangiamo ciò che viene servito invece che ciò che potremmo ordinare o desiderare, tendiamo a mangiare con più moderazione.

67 | Comprate piatti e bicchieri più piccoli

Più la porzione è grande, più mangiamo – fino al trenta per cento in più. Chi commercia in cibo lo sa, e crea porzioni giganti per farci comprare di più. Ma a casa non abbiamo bisogno di preparare porzioni giganti, e non dobbiamo farlo. Una ricerca ha scoperto che passare da un piatto da trenta centimetri a uno da venticinque fa ridurre del ventidue per cento il consumo di cibo.

68 | Servitevi di una porzione adeguata e non fate il bis

Facendo il bis, perderete ogni controllo sulla misura di una porzione. Ma qual è la porzione adeguata? La saggezza popolare offre in merito delle regole di base sensate. Un adagio dice che non bisogna mai mangiare una porzione di proteine animali più grande del proprio pugno. Un altro che non bisognerebbe mai mangiare durante un pasto più cibo di quello che potrebbero contenere le proprie mani messe a coppa. Se state per infrangere la regola sul bis, aspettate almeno qualche minuto prima di farlo: potreste scoprire che non ne avete davvero bisogno o che, se ne avete, non è così tanto quanto pensavate.

69 | Ordinate la porzione piccola

In quest'epoca di porzioni giganti, piccolo è il nuovo grande – ed è già troppo. Secondo Lisa Young, autrice di *The Portion Teller Plan* (La strategia del piatto a scomparti), all'epoca in cui aprì McDonald's aveva una sola misura per le bibite gassate: 200 ml. Ora, una bevanda gassata «piccola» è circa 500 ml, una media 650 e una grande quasi un litro. Da Burger King, la porzione grande del 1965 – 650 ml – è ora quella piccola. Anche le porzioni dei ristoranti si sono gonfiate: prendete in considerazione di ordinare dal menù per bambini o di spartire un antipasto.

70 | « Colazione da re, pranzo da principe, cena da povero »

Mangiare un pasto abbondante a fine giornata sembra un controsenso, anche se la scienza non ha ancora deciso in proposito. Secondo alcune ricerche mangiare a ridosso dell'ora in cui si va a letto alza il livello dei trigliceridi nel sangue – un indicatore di disturbi cardiaci oltre che dell'aumento di peso. Inoltre, più si è fisicamente attivi dopo un pasto, più i muscoli bruciano l'energia del cibo prima che il corpo la stocchi sotto forma di grasso. Alcuni ricercatori pensano tuttavia che le calorie siano calorie, indipendentemente dall'ora del giorno in cui le si assume. In ogni caso, anche se questo fosse vero, mangiare soprattutto nella prima par-

te della giornata potrebbe corrispondere a una minor assunzione di calorie totali; molte persone hanno infatti poca fame la mattina. Un adagio calzante: « Dopo pranzo, una dormitina; dopo cena, una camminatina ».

71 | Mangiate ai pasti

Questa raccomandazione suona ridicola quasi come «mangiate del cibo», ma oggigiorno non è da sottovalutare. Facciamo più spuntini che pasti veri e propri. Sociologi e ricercatori che studiano le abitudini alimentari americane non basano i propri risultati sulla sempre più evanescente idea di pasto: calcolano i «momenti dedicati al cibo» e riportano che ai tre pasti base – colazione, pranzo e cena – si è aggiunto un quarto «momento» che dura tutto il giorno: beviamo e smangiucchiamo di continuo guardando la televisione, alla guida, al lavoro, e così via. (Uno studio ha rilevato che quasi un quinto di ciò che mangia un americano dai diciotto ai cinquanta anni viene mangiato in auto). In teoria, spizzicare – cinque o sei piccoli pasti al giorno – sarebbe anche una buona cosa, ma in pratica le persone con questa abitudine finiscono per mangiare molto di più e consumare molte merendine lavorate. Quindi, a meno che non riusciate a piluccare solo cibo vero, limitatevi ai pasti tradizionali.

72 | Agli spuntini solo cibi di origine vegetale non lavorati

Ricordate il vecchio tabù riguardo agli «spuntini tra i pasti»? Decenni di marketing alimentare aggressivo lo hanno cancellato dalla nostra coscienza. Ma la mole delle cinquecento calorie al giorno aggiunte dagli americani alla propria dieta dal 1980 (l'inizio dell'epidemia di obesità) a oggi deriva dalle merendine piene di sale, grassi e zuccheri. Se dovete fare uno spuntino, cercate di limitarvi a frutta, verdura o noci.

73 | Mangiate solo a tavola

No, la scrivania non è una tavola. Mangiando mentre lavoriamo, guardiamo la tv o guidiamo, lo facciamo sovrappensiero, e quindi mangiamo molto più di quanto non faremmo seduti a tavola, concentrati sul pasto. È un fenomeno che potete provare voi stessi (e utilizzarlo con profitto): mettete un bambino davanti alla televisione con una ciotola di verdura fresca. Il bambino mangerà tutto, anche le verdure che di solito rifiuta, senza accorgersene. Il che suggerisce un'eccezione alla regola: quando non si mangia a tavola, meglio limitarsi a verdura e frutta.

La scrivania NON è una Tavola

74 | Non prendete il carburante per voi dove prendete quello per l'auto

Oggi i distributori di carburante americani guadagnano di più con il cibo (e le sigarette) che vendono all'interno che con la benzina venduta fuori. Ma fate caso di che genere di cibo si tratta: a parte forse il latte e l'acqua, sono soprattutto merendine a lunga conservazione ultralavorate e bevande dagli strani dolcificanti in capienti bottiglie da mezzo litro. I distributori di carburante sono diventati «distributori di mais trattato»: etanolo per le vostre auto fuori, sciroppo di mais ad alto contenuto di fruttosio per voi dentro.

75 | «Niente etichette in tavola»

Tenete alla larga dalla tavola etichette e confezioni alimentari. Se avete preso del cibo da asporto toglietelo dalle confezioni e servitelo su piatti o vassoi. Mangerete più lentamente e con più gusto. È difficile assaporare un buon pasto circondati da pubblicità commerciali e da ciò che a breve sarà spazzatura. Una regola corollario...

76 | Mettete un vaso di fiori in tavola e tutto sembrerà più buono

77 | Avanzate qualcosa nel piatto

Da piccoli, spesso ci sentivamo dire dai genitori di finire tutto quello che avevamo nel piatto – raccomandazione che poi abbiamo forse preso troppo alla lettera. Una tradizione più antica e sana considera invece più urbano lasciare l'ultimo boccone di cibo. Un tempo si diceva anche ai bambini: « Lasciate qualcosa per la Signora Buona Educazione », o « Meglio la pattumiera che la pancera ». Abituatevi a non ripulire il piatto; vi aiuterà a mangiare meno sul momento e a sviluppare un maggior autocontrollo a lungo andare.

78 | Quando potete, mangiate insieme ad altri

Gli americani mangiano sempre più spesso da soli. Anche se qualche studioso sostiene che chi è abituato a mangiare poco aumenta le dosi quand'è in compagnia (forse perché passa più tempo a tavola), il forte mangiatore in pubblico si trattiene, o se non altro è più restio a ingozzarsi. E in compagnia si mangia anche più adagio, perché si fa altro oltre che ingurgitare cibo. Ecco perché spesso il marketing alimentare incoraggia a mangiare davanti alla tv o in auto: quando mangiamo da soli finisce che mangiamo di più. Ma regolare l'appetito è solo un aspetto della questione: i pasti consumati in compagnia elevano il mangiare da pro-

cesso biologico a rituale famigliare o comunitario.

79 | Trattate i dolcetti da dolcetti

Non c'è niente di male nei cibi delle occasioni speciali, basta che queste non diventino un'abitudine quotidiana. È un altro caso che mostra quanto sia stato dannoso aver delegato alle aziende la preparazione dei nostri alimenti: cibi costosi o difficili da preparare – dal pollo impanato alle patatine fritte ai dolcetti ai gelati – sono diventati facilmente accessibili. Friggere il pollo era così complicato che a meno di avere ospiti e molto tempo a disposizione si evitava di farlo. La quantità di lavoro che implicava allontanava la tentazione. I cibi delle occasioni speciali sono tra i grandi piaceri della vita, e non dovremmo privarcene, purché si man-

tenga il senso dell'occasione. Un primo modo è preparare questi cibi con le nostre mani; se facciamo noi la torta, è difficile che ne avremo voglia tutti i giorni. Un altro potrebbe essere limitare le leccornie ai fine settimana o quando mangiamo in compagnia. Alcune persone seguono la cosiddetta regola della S: « Niente merendine, bis o dolcetti tranne nei giorni che cominciano con la S ».[1]

1. Si veda Reinhard Engels e Ben Kallen, *The No S Diet*, Perigee, New York, 2008 [in inglese *saturday* e *sunday*, sabato e domenica].

80 | Fate il compost

Questa regola potrebbe sembrare estranea al cibo, invece lo riguarda. È più facile lasciare qualcosa nel piatto sapendo che non andrà sprecato, ma che verrà utilizzato come nutrimento per le vostre piante e quindi per i vostri prossimi pasti. Inoltre avere un compostaggio aiuta a superare la riluttanza a comprare prodotti freschi per il timore che vadano a male. Ricerche di mercato mostrano che questa paura predispone all'acquisto di prodotti lavorati e a lunga conservazione invece che freschi e deperibili. Il compostaggio può sollevare dal senso di colpa alla vista di una triste testa di broccolo appassito nel frigorifero.

81 | Piantate un orto se avete lo spazio o, se non ne avete, mettete un vaso sul davanzale

Che legame c'è tra coltivare parte del proprio cibo e sanare il proprio rapporto col mangiare? Considerevole. Prendere parte al complesso e sempre interessante processo per il sostentamento è il modo più sicuro per sfuggire alla cultura del fast food e ai suoi valori: che il cibo debba essere veloce, economico, facile; che il cibo sia un prodotto industriale e non naturale, che il cibo sia un carburante piuttosto che una forma di comunione con altri individui, o altre specie, o con la natura. Più banalmente, potrete mangiare ciò che produce il vostro orto, ossia il prodotto più fresco e nutriente possibile; curandolo farete del moto (e starete al-

Il giardino di
George Washington
a Mount Vernon

l'aperto, lontano dagli schermi); risparmierete soldi (secondo la National Garden Association, un investimento di settanta dollari in un orto ne renderà seicento in cibo); e sarete molto più pronti a seguire la prossima, essenziale regola.

82 | Cucinate

Cucinare è forse la cosa più importante per un'alimentazione sana. In teoria, non dovrebbe esserci gran differenza per la salute se ci si cucina da sé o se qualcun altro lo fa per noi. Tuttavia, a meno di non potersi permettere un cuoco privato che ci prepari i pasti seguendo le nostre esatte disposizioni, consentire ad altri o ad aziende di cucinarci i pasti significa perdere il controllo della vita alimentare, delle porzioni come degli ingredienti. Cucinare per sé è l'unico modo certo per sottrarre il controllo della propria dieta a scienziati e manipolatori del cibo, e per assicurarsi di mangiare cibo vero invece che sostanze commestibili a forma di cibo, con i loro pessimi oli, sciroppi di mais ad alto contenuto di fruttosio, solfati e sali. Non sorprende che il declino della cucina domestica sia andato di pari passo con la crescita dell'obesità, e la ricerca dimostra che chi cucina mangia più sano di chi non lo fa. Certo, oggi siamo tutti di corsa, ma considerate che negli ultimi anni ci siamo ricavati parecchie ore al giorno per stare connessi a internet da casa. Si trova sempre il tempo per le cose importanti. E cucinare è importante.

Si trova sempre tempo
per le cose importanti.
E cucinare è importante.

83 | Infrangete le regole ogni tanto

Vivere ossessionati dalle regole alimentari non può rendere felici, e forse nemmeno giovare alla salute. L'esperienza degli ultimi due decenni indica che stare a dieta e preoccuparsi troppo dell'alimentazione non ci ha resi più sani o più magri; è invece importante avere un atteggiamento rilassato verso il cibo. Ci possono essere occasioni speciali in cui si ha voglia di gettare le regole dalla finestra. Non c'è nulla di male (specie se non gettate via la regola 79). Ciò che conta non è l'occasione speciale ma l'abitudine quotidiana – l'impostazione di base che governa il mangiare di ogni giorno. «Tutto con moderazione» si dice spesso, ma non dovrem-

mo mai dimenticare la saggia postilla, a volte attribuita a Oscar Wilde: « Inclusa la moderazione ».

Ringraziamenti

Vorrei ringraziare quanti mi hanno aiutato a scrivere questo libro. Molti di loro non li conosco per nome o non sanno di aver collaborato, ma sono felice di poterne ringraziare parecchi personalmente. David Ludwig, medico, ha letto il manoscritto e ha dato molti consigli utili; ha anche trovato vari errori, ma non deve essere ritenuto responsabile per quelli eventualmente rimasti. David è stato un maestro impareggiabile nelle questioni riguardanti l'alimentazione. Lo stesso vale per la dottoressa Daphne Miller, che ha contribuito alla stesura di varie importanti regole sulla base della sua pratica medica e della sua vasta esperienza nell'ambito delle diete tradizionali nel mondo. Ho anche appreso molto su dieta e salute dalle conversazioni con Marion Nestle, Robert Lustig, Walter Willett e Joan Gussow, sebbene forse non condividano alcune cose che ho scritto. Un ringraziamento speciale va a Tara Parker-Pope del « New York Times », che mi ha permesso di invitare i lettori del suo blog a spedire nuove regole, arricchendo smisuratamente il mio progetto con un mare di risposte. Lo stesso valga per i membri dello Slow Food USA, che hanno suggerito un'infinità di regole, tre delle quali – quelle di Gisbert P. Auwaerter (regola 76), Mandy Gerth (regola 24) e Claire Cheney (regola 46) – sono qui incluse. Grazie, e grazie a Josh Viertel e Jerusha Klemperer di Slow Food USA per avermi permesso di contattare i membri della loro associazione. Sono anche grato a Richard Wilk, Bonnie Powell, Tom Philpott e Tom Gorman per avermi aiutato ad ampliare la rete di contatti per la nuova edizione. Un ringraziamento speciale a Bonnie Y. Modugno e Annette Seidenglanz per il loro contributo a questa edizione.

Il mio vecchio amico e collega Michael Schwarz ha letto il manoscritto, migliorandolo con il suo editing; ancora grazie. Ancora grazie, inoltre, ad Amanda Urban e al suo team dell'ICM, nonché a Ann Godoff e alla sua magnifica équipe della Penguin Press, ma soprattutto a Lindsay Whalen, Benjamin Platt, Holly Watson, Sarah Hutson, Stephen Morrison e Michael Burke. Devo moltissimo a Malia Wollan per la splendida ricerca, l'editing e per il suo parere: grazie davvero. Adrienne Davich e Elisa Colombani hanno contribuito a loro volta con un valido lavoro di assistenti ricercatrici.

Lavorare con Maira Kalman a questo progetto è stato un privilegio e un piacere. E anche uno stimolo: la freschezza del suo sguardo ha reso il mondo del cibo, che ho pensato (per non dire mangiato) per tanti anni, completamente nuovo. Grazie mille, Maira.

Come sempre, un sentito grazie va a Judith (che ha avuto l'idea di un'edizione illustrata) e a Isaac, i migliori compagni di tavola che si possano desiderare; le vostre idee e parole, per tacere della vostra cucina, mi nutrono sempre, e hanno nutrito in modo particolare questo libro.

M. P.

STAMPATO DA STUDIO DUE S.A.S. - MILANO
NEL SETTEMBRE 2024